科技托起国防梦丛书

龙腾东方
——歼-10飞机总设计师宋文骢的故事

张杰伟　舒德骑　著

科学普及出版社
·北　京·

图书在版编目（CIP）数据

龙腾东方——歼 10 飞机总设计师宋文骢的故事 / 张
杰伟，舒德骑著 . — 北京：科学普及出版社，2017.1
（2024.7 重印）

（科技托起国防梦丛书）

ISBN 978-7-110-09484-6

Ⅰ.①龙… Ⅱ.①张… ②舒… Ⅲ.①宋文骢（1930-
2016）—生平事迹—通俗读物 Ⅳ.① K826.16-49

中国版本图书馆 CIP 数据核字 (2017) 第 006265 号

责任编辑	韩　颖	
装帧设计	中文天地	
责任校对	刘洪岩	
责任印制	徐　飞	

出　　版	科学普及出版社	
发　　行	中国科学技术出版社有限公司	
地　　址	北京市海淀区中关村南大街16号	
邮　　编	100081	
发行电话	010-62173865	
传　　真	010-62173081	
网　　址	http://www.cspbooks.com.cn	

开　　本	787mm×1092mm　　1/16	
字　　数	64千字	
印　　张	5.75	
版　　次	2017年5月第1版	
印　　次	2024年7月第2次印刷	
印　　刷	德富泰（唐山）印务有限公司	
书　　号	ISBN 978-7-110-09484-6 / K·145	
定　　价	28.00元	

科技托起国防梦丛书
科 学 顾 问

林仁华　　郑　晖　　石顺科　　张秀智
俞启宜　　黄东冬　　石　磊　　田小川

编 委 会

朱明远　　石　磊　　田小川　　张杰伟
张　毅　　许　慧　　李　红　　韩　颖

猛龙横空出世

2006 年 12 月 29 日，新华社受命向世界宣布："由中国自主研制的新一代歼 10 战斗机已成建制装备部队，形成作战能力。这对加快我军武器装备现代化建设、巩固国防具有重大意义"。中国最神秘传奇的航空武器歼 10 飞机终于揭开了神秘的面纱，世界各大媒体纷纷报道。

两年之后，歼 10 战机在珠海航展亮相。威风凛凛的歼 10 战机拔地而起，呼啸长空！它再次吸引了整个世界的眼球，也震动了整个世界。许多外国军事专家专程而来，目睹中国"空中猛龙"的风采。至此，我们可以自豪地宣称，在世界歼击机研制领域，我国已完成了跻身世界先进行列的历史性跨越。

2007 年 2 月 27 日，在北京人民大会堂隆重举行的国家科学技术奖励大会上，歼 10 飞机荣获科技进步奖特等奖。当大会宣布歼 10 飞机总设计师和他的同伴们走上领奖台时，一位须眉斑白的长者引起了人们的注意。当无数闪光的镜头对准这位老人时，国内外的新闻记者们这才如梦初醒、大吃一惊——原来，中国这些年来设计歼 10 飞机的领军人物，是这位默默无闻的老人哪！

他的名字叫宋文骢。人们试图从他如霜似雪的须发里，从他睿智深邃的目光中，从他慈祥深刻的皱褶里，寻觅这位老人的人生轨迹……

"骢"者，毛色青白相间之马，又释为马中先锋和领军之帅也！

目录 CONTENTS

1

血色记忆

童年的记忆

1930 年 3 月 26 日，宋文骢出生在云南昆明一个普通的市民家庭。

三月的昆明，正是草长莺飞的季节。

家中得子，自然是家族的高兴事。家里为新出生的长子取小名"泰斗"。到了上学年龄，据说没有多少文化的父亲找了个"高人"为"泰斗"取学名。这位"高人"沉吟良久，为他取学名"文骢"。"文"是他宋氏家族字辈，"骢"者，驰骋聪慧之马也！这也寄托了父母对儿子美好未来的祝愿和希冀。

据宋氏族谱记载，宋家祖籍江苏南京，家住应天府柳树湾大石桥附近，祖上也曾有过功名。明洪武十四年，始迁祖元勋公以官金带身份从沐英等率 30 万大军征滇。"大理平，爱苍洱幽秀，家于榆城五华楼之北，自是子孙繁衍，奕叶相承。"至此，宋氏就在这片红土地上繁衍生息。

宋家是一个大家族。祖父是清末廪生，早年在大理县衙门做书吏。到了宋文骢父辈，日子一天天窘迫起来。父亲宋善初早年辍学，十二三岁就到剑川叔父的店里做学徒，后来在昆明城里开了个叫"怡和"的香烟铺。母亲黄凤仙家里也很穷，虽没读过书，但贤淑聪颖，做事热心认真，家里的好多事都由她做主。

宋文骢有兄妹 7 人。大弟文明，二弟文端（早逝），三弟文鸿，四弟文智，大妹文琴，小妹文慧。在他的记忆中，父母文化虽然不高，但对子女最重要的教诲有两点：一是要学会做人，做一个正派正直的人；二是要认真读书，只有学好本领才有立身之本。

昆明是个美丽而富饶的地方。这里四季如春。蓝天映照着烟波浩渺的五百里滇池，西山的上空盘旋着矫捷的苍鹰，东山葱郁的山林有飞翔的鸟儿，明媚的春光里有孩童的纸鸢，茵茵的草丛里有轻盈的蝴蝶和蜻蜓。

生活在这里的人民，勤劳质朴，热爱和平。但留在宋文骢童年记忆中的昆明，却是一个叫人哀怨和惆怅之地。

"在我小时的记忆中，似乎满街都是难民和伤兵。沦陷区的人们，扶老携幼纷纷逃往内地。日本人的飞机隔三岔五就来轰炸昆明。这些飞机肆无忌惮，有时飞得很低，我们躲在郊外的田地里，能看见机身上血红的标志，有时还能看见日本飞行员的影子。城里的人们惶惶不可终日，警报一响，全城的人就乱作一团。我是老大，跑警报时，小小年纪还要背着弟妹跑。那样的日子，几乎伴随着我的童年和少年……"

时隔半个多世纪，这样的记忆，宋文骢依然刻骨铭心。虽然有时不愿想起，但却始终挥之不去……

8岁那年夏天的一个早晨，日本飞机又来轰炸昆明。他家住在金碧路司马巷。下午，他跟着母亲跑警报回来，见到三牌坊和他家附近也被日本飞机轰炸，留下巨大的弹坑和烧焦的房屋。在他家前面的巷口，一群悲愤的人围着一张破烂的席子。这张席子下，是一具被炸弹炸死的老人尸体。他和母亲挤进人群，跟着众人唏嘘难过不已。

他默默跟着母亲回家，快到家门口时，突然对母亲说道："等我长大了，也要开飞机去'东三省'，去炸那些日本鬼子！"

母亲回头惊奇地看着儿子，赞许地点了点头，眼中泛着泪花，什么也没说……

不守规矩的顽皮孩子

"我小时候是个顽皮的孩子。"宋文骢回忆自己的幼年这样说。

小时候，他的确是个顽皮的孩子。那时，家里老一辈人叫他"飞天神王"！

八九岁时，他家住在楼上。一次，父亲回到家里，突然看见一个小小的身影在楼上走廊的栏杆上，摆动两只小手走过来、走过去——父亲定睛一看，当即吓出一身冷汗。原来小小的文骢把楼上的栏杆当成了平衡木，在做特殊的儿童游戏！天哪，倘若稍有不慎，一失足从栏杆上跌落下来，那后果多么严重！惊恐之中，父亲急中生智，笑脸相迎，对文骢说："别怕，我来抱你。"文骢见父亲抱他，不但不怕，继而还笑嘻嘻地想再继续玩下去呢。

又有一次，叔叔带着家里几个孩子到城外玩耍，路遇一条很宽的河沟，下面是深深的沟壑。叔叔知道文骢顽皮、身体又好，便想逗他："泰斗，你平时不是会蹦会跳吗？我赌你，看你能不能跳过沟去……"可他话音未落，只见小文骢退后几步，一纵身，真的就从沟边跳了过去！这一跳，也把叔叔吓得不轻——要知道，别说是一个几岁的孩子，就是一个大人，要跳此沟也断然不敢轻举妄动哪！

还有一次，他这"飞天神王"的本性更是演绎得淋漓尽致。一天，他阿奶到井边取水。一到井边，老人家吓得差点掉了魂！只见小孙子文骢双手撑在水井栏上，腿伸进水井之中，在水井上面玩"双杠"！

"这孩子，太不守规矩！说他是'飞天神王'，一点儿都不冤枉！"事后，老太太不止一次对他的父母说起这件事，提起她的这个小孙子，她除了摇头就是叹气。

一个聪颖敏思的少年

宋文骢5岁时，父亲送他到学堂读书。

旧时的学生生活是单调枯燥的，但又是最令人难忘的。

宋文骢在校读书时，学校里也有思想比较进步的先生，特别是一位杨姓老师，除了教给学生各方面知识外，还对学生进行一些浅显的思想教育。他告诉学生：日本人占领了我们的国土，要把我们中国人当亡国奴，民族生死危亡，国家灾难深重。你们现在读书，就要想到将来长大该干什么。

是啊，将来长大了该干什么呢？

年幼的宋文骢，思想虽然幼稚单纯，但这幼稚单纯中包含着一种显而易见的情结。

每当日本飞机轰炸时，他就在想：为什么我们自己的飞机总打不过人家，敌机来了只能远远地逃遁呢？为什么我们地面的那些高射炮总不能把那些猖狂的飞机打下来呢？这，除了让人心里愤怒，就是让人心头生气。"等我将来长大了，要发明一种什么'找机弹'，一下就能把日寇的飞机给它打下来！"他曾愤愤对小伙伴们讲道。

敌机轰炸后，天空又出现了短暂的平静。深邃辽阔的天空，也时常引起他的遐想：老鹰和鸟儿们能在天空飞翔，当然它们都有能够扇动的翅膀；风筝能在天空飘飞，当然它们的重量微不足道，是风把它们托上了天空；那么，飞机这种用钢铁做成的庞然大物为什么也能在天上飞来飞去呢？

他百思不得其解。当然，他从小也听大人们讲过不少关于天上的事，但那只是一些神话故事罢了。

是的，这些疑问让年幼的他想了好多年，甚至钻研了一辈子。

迁回大理

随着抗日战争的持续，战争越来越残酷。太平洋战争爆发后，日军为了打通东南亚的陆上交通线，也为了切断中国和印支的交通，对昆明等地的轰炸越来越烈。

为躲避日军飞机轰炸，也为了孩子们有一个安静的学习环境，11岁那年正在读小学的宋文骢，跟随全家从昆明迁回了老家大理。

大理是个非常美丽的地方。古城之下，那蜿蜒悠长的茶马古道上，马铃声声，南来北往的马帮络绎不绝。还有那巍然耸立的城楼，见证着历史的沧桑；古老的石板街旁，是错落的院落和清幽的古井。

回到大理，宋文骢在由天主教教会办的育成小学读了两年书。在这里，除了学习国语、算术外，还学习了自然、法语等启蒙课程，毕业后顺利考入大理县中学读初中。

在宋文骢的印象里，大理县中管理极严，训导主任对学生非常严厉。学生调皮违反校规，不但严厉训斥，还要叫来校工关学生的禁闭。

一次，宋文骢等同学违反校规，被关禁闭在二楼的一间教室里。宋文骢胆大，竟然领着同学从窗户逃跑了。大理县中因此开除了他。后来几经周折，考取了素有"滇西最高学府"之称的云南省立大理中学。

在云南省立大理中学，宋文骢接受在县中的教训，努力改正缺点，像一条干渴的小鱼游进了知识的海洋，如饥似渴地学习。他兴趣广泛，记忆力强，国文、史地、物理、化学各门功课他都广泛涉猎，而且学习起来并不感到吃力。

宋文骢是个极有毅力的人，任何事情只要下了决心，绝不半途而废。大理中学读书是宋文骢人生中难忘的3年，是他打下重要学习基础的3年，也是他长身体的重要阶段。他酷爱体育运动，不管寒冬酷暑、刮风下雨，几乎每天早晨天不亮，他就出现在学校的操场上。天气晴好的假日，他会邀约同学一起爬苍山；夏日里，他就和同学们一起在洱海划船、游泳。

青少年时代长期坚持不懈的体育锻炼，其实源于藏在心中的一个秘密，那就是将来报考飞行员——他知道，要想当一名飞行员，首先要拥有强壮的身体。

2

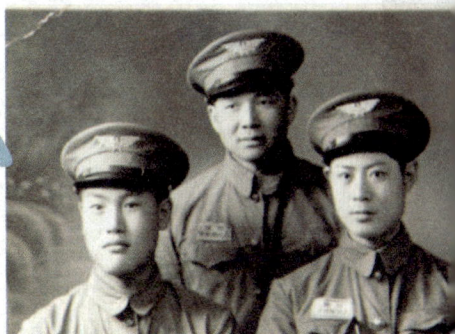

黎明破晓

- 接受进步思想
- 离家出走去"边纵"
- 潜回昆明迎解放
- 短暂的谍报生涯

接受进步思想

16岁那年的夏天，宋文骢以优异的成绩从省立大理中学初中毕业。从大理回到昆明，9月考进昆明天南中学读高中。

天南中学也是一所教会办的学校。学生主要是昆明社会各阶层的子女、西南联大教职工子女和逃难来昆明流离失所的孤儿。老师有不少是从沦陷区来的学者教授，见多识广，教学水平高，讲课深入浅出。

"我读书时的天南中学很开放、很开明。"

宋文骢一进学校，就感受到一种民主进步自由的气氛。在这里，他进一步打牢了学习基础，丰富了知识结构，更主要的是进一步开阔了视野。

"那时中国的年轻人，都是在战争的氛围中长大，忧国忧民——国家如此动荡，生存如此艰难，今后到底干什么呢？这是摆在每一个青年学生面前不容回避的问题。"

1948年冬，宋文骢已到天南中学读书两年了。他在学校的表现，师生们都看在眼里、记在心里。一天，同学陆俊志、申业荣有些神秘地邀约他，说要跟他谈些事情。

这是一个冬天的傍晚。三个人走出校门，来到学校外面的一座小桥底下，西斜的太阳照得小桥下倒很温暖。在那里，陆俊志和申业荣没有给宋文骢讲什么闲话，也没有给他讲更多的道理，而是开诚布公地问宋文骢："我们介绍你参加一个革命组织，你干不干？"

"革命组织？"宋文骢有些惊疑地看着他们二人。

此时，内战的硝烟早已飘向云贵高原。国民党当局对此起彼伏的学生运动早已惊恐万分，一方面加紧了对学校的控制，另一方面加紧了对共产党人和进步人士的迫害。白色恐怖笼罩着昆明几十所学校。

"云南民主青年同盟。"

"干！"宋文骢答应得很干脆。

两个同学点点头，他们知道肯定是这个结果。过了几天，陆俊志口头通知宋文骢："你加入云南民主青年同盟的事，上级组织已经批准。"

宋文骢默默点点头，他知道了自己的身份，也知道该为这个组织干些什么。从此，宋文骢成为共产党外围组织的一员。除了读书，几乎全身心地投入到革命工作中。

离家出走去"边纵"

1949年，随着人民解放军打过长江，全国解放指日可待。

6月，19岁的宋文骢高中毕业了。毕业以后干什么、毕业以后向何处去，这是当时的毕业生面临的一件很现实的事情，也是同学们讨论最多的问题。

到"山那边"（当时人们对边纵解放区的统称）去！去参加游击队，迎接主力部队到来，迎接大西南解放！地下党组织向这些青年发出这样的号召。

"对，到山那边参军去，迎接大西南解放。"宋文骢和申业荣、王壁满等同学简单商议后，决定到解放区参军。

给不给家里人打个招呼呢？不行。如今到处兵荒马乱，宋文骢知道如果给家里的人说要到解放区参军，父母肯定不会同意。那样一来，不但暴露了自己意图，让父母担心，反而还脱不了身。

临行前，他回家看了看父母和弟妹。离家时，他写了个条子塞进父亲的茶叶筒，悄悄走了。

宋文骢和同学们上了火车，离开了昆明。来到解放区，他们被安排在滇桂黔纵队干部训练班参加了为期一个月的集训。集训结束后，宋文骢被分配到司令部参谋处当侦察员。

潜回昆明迎解放

黎明前是最黑暗的。

"小宋，组织上准备交给你一个重要的任务！"

一天，侦察队领导找到宋文骢，交给他一个重要任务：给昆明的地下党组织送去机密情报和"约法八章"的宣传品。

此时，风声鹤唳的国民党第 8 军和第 26 军还盘踞在昆明。宋文骢接受任务后，经过一番乔装打扮：头戴破草帽，身穿蓝粗布对襟衣裳，左肩挎一个破箩筐，情报藏在身上，"约法八章"的宣传品放在筐底，上面堆满地瓜。一切准备就绪后，他走了一段山路，来到附近的火车站，赶乘开往昆明的小火车。

在火车站和车上，国民党兵如临大敌，来来往往。上了车，宋文骢把箩筐放在两节车厢的过道上。车还没启动，国民党兵就过来挨个检查旅客和行李。眼看越来越逼近，宋文骢定了定神，没有一丝惊慌。检查的士兵看了他几眼，继续向前查去。

宋文骢到昆明后，按照交代的接头地方不慌不忙地寻找着街上的门牌号，来到一家药房。进了药房，他并不说话，递上一张药单子，掏出一支香烟在柜台上敲了三下。柜台里的老板看了他一眼，也并不说话，掏出火柴划燃又马上把火吹灭；宋文骢又将手里的香烟在柜台上敲了三下。对上暗号，药店老板赶紧把宋文骢让进店里，来到后面的房子里。联络员收下宋文骢送来的情报和宣传品，安排他在店里住了下来。

第二天一早，宋文骢走到街上，只见昆明城里显眼地方都贴上了人民解放军的"约法八章"。无数市民踊上街头，翘首观看。见此情景，顺利完成任务的宋文骢从心底里感到欣慰。

短暂的谍报生涯

1950 年 2 月 20 日，昆明和平解放，解放大军举行入城式。

整个昆明城万人空巷，沿途都是欢迎的标语和旗帜，满街都是载歌载舞的市民和学生。宋文骢此时已今非昔比，他和"边纵"几个侦察员已正式调到云南军区情报处，他穿着军装，精神抖擞地随着大部队进城。

进城之后，宋文骢在云南军区情报处担任谍报员工作。除了配合昆明市公安局进行反特除奸、维护社会秩序，其他时间就在军区大院里学英语、练枪法，随时准备接受新的任务。由于工作出色，没过多久，他就担任了谍报侦察组组长。

那时新中国刚刚成立，国民党军队并不甘心失败，来自台湾的轰炸机对新生的人民共和国构成了最直接的威胁，沿海城市受害最甚。人民共和国亟须建立一支强大的人民空军。

1950 年年初，中国新组建了人民空军。6 月，朝鲜战争爆发，局势更加紧迫。军委决定在各陆军部队挑选一批政治素质好、有文化、身体好的同志充实空军部队。宋文骢顺利地成为其中一员。

3

结缘航空

报考飞行员

"小宋，你准备一下，到重庆去考飞行员。" 8 月的一天，部队领导通知他。

考飞行员？宋文骢听了高兴得跳了起来。当一名飞行员是他从小的理想，是他朝思暮盼的愿望，而今有这个天赐的良机，那是他求之不得的。他当即就简单收拾好东西，几天后，告别了父母、弟妹、战友和同学，随着从部队挑选出来的其他准备考空军的同志一起出发。

连他自己也没想到，这一走，从此就离开了云南——经过七八天的颠簸，出云南，过贵州，进四川，宋文骢和战友们来到山城重庆。

到了重庆，他们住进了沙坪坝当时西南军区大院的一个招待所。接下来是几天的身体检查。没过几天，他因检查结果有点小毛病，被淘汰了。听到结果，宋文骢心里一沉，十分失望沮丧。闷闷不乐的宋文骢走出招待所，他想随便到街上走走，看看这座城市。

傍晚，他闷闷不乐从街上回来。

"哎呀，你可回来了！" 没想到，空军部队的同志正在到处找他，告诉他经过医生和空军来接兵的领导最后研究决定，他最终被空军录取了！

宋文骢喜出望外，心急火燎地打起背包，连忙出发向码头赶去！

这一决定，改变了宋文骢的一生。而这一年，他刚满 20 岁。

亲密接触飞机

大江东去。

上船后，船上人满为患，宋文骢被安排到轮船的底舱。轮船沿长江顺流而下，到武汉稍作停留后他又登上北上的火车。

刚到吉林省长春住下，部队又通知复查身体。经过反复检查，医生遗憾地告诉他："小伙子你太可惜了，你怎么心脏有点杂音呢？"

宋文骢也纳闷，自己身体向来都很好，心脏怎么会有杂音呢？最后，部队领导也只好建议他："学飞行不行，那你就到航校去学习地勤，将来当个飞机机械师吧。"

既然从几千里外来了，那就随遇而安吧。不能上天，能学修飞机的技

术，也是一个不错的选择。

宋文骢来到长春空军第二航校，成为新组建的航校第一期学员。

刚到航校报到，宋文骢就迫不及待地往学校停机坪跑去——进学校时，他就看见那里停着两架飞机，这是用来教学的两架苏联飞机。他来到飞机下面，转来转去地看这飞机到底"长"什么样子。他这里摸摸、那里看看，没有一件东西他不感到稀奇新鲜。最后还爬上舷梯，透过玻璃罩仔细看飞机里面的结构。

"哎呀，飞机这东西真的是太可爱了！"宋文骢第一次这么近距离地观看飞机，就从心底里爱上了这家伙。

童年时，宋文骢经常望着天上穿云破雾的飞机，只能是感到好奇，充满无边的遐想、无穷的揣摩，可望而遥不可及。今天，他终于能这么近距离地、这么亲密地接触飞机——虽然此时他还不知道这飞机是哪种型号，也不知道这种飞机的具体用途，除了飞机的翅膀和轮子他能叫上名字，其余的部件都叫不上名来——但，这已经令他非常满足了。

从此，宋文骢的人生开启了巨大转折，开始探寻飞机呼啸长空、腾云驾雾的奥秘。

独立自强的机械师

　　宋文骢进航校时，正处于抗美援朝战争前夕。

　　战争是残酷的。1950年6月，朝鲜半岛内战爆发，战火烧到了鸭绿江边。10月我志愿军入朝参战。到了后来，中、苏、美等18个国家被卷入战争，双方投入兵力上百万。随着抗美援朝战争的进程，国内各个空军基地都急需地勤人员。

　　1951年5月，宋文骢这一期的部分优秀学员提前毕业，充实到各空军基地。宋文骢被分配到了空军第9师27团担任机械师。

　　当时空军基地的飞机主要是苏联的米格15、米格17、雅克11、雅克18、拉9、拉11等机型。那时空勤和地勤是一个大队，地勤人员中，从团长到机械师苏联和中国一一配对。和他搭对的苏联机械师叫契尔尼谢夫，还有一个机械兵叫宾果夫，外号"冰棍"，他们关系友好，工作中配合默契。

　　当时朝鲜战场正处在白热化阶段，美军仗着作战飞机拥有的数量和性能，几乎夺得了战争的制空权，实行"绞杀战略"，对我前沿阵地、后方交通要道、指挥机关和后勤补给线进行狂轰滥炸。我方基地的飞机随时出动，对敌机进行歼击和拦截。

　　宋文骢虚心地向苏联机械师学习和请教。稍有空闲，他就对飞机进行更加深入的研究。凡是他维护修理的飞机，都力求做到一丝不苟，并很快赢得了飞行员的信任，两年后他升任中队机械长。

　　这期间，每当宋文骢看见那些疲惫和阴沉着脸从空中归来的战友，看见机身上在战斗中留下的硝烟和弹孔，看见没有归来的飞机留下的空位，他的

抗美援朝中队机械长宋文骢（中）

心情都异常沉重。那时候，他常常想，我们中国人什么时候才能有自己的比美机速度更快、航程更远、机动性能更好、战斗能力更凶猛的飞机呢？

　　为了把这个梦想变为现实，宋文骢付出了他毕生的心血和精力。那时候，谁也没有想到，这个默默无闻的年轻机械师将来会成为一个歼击机的设计大师。

跻身军事工程最高学府

朝鲜战争结束时，宋文骢 24 岁。就在这时，机遇又向宋文骢打开一扇大门——1954 年 8 月，部队推荐他去报考刚组建不久的哈尔滨军事工程学院。

"什么？哈尔滨军事工程学院！"

听到这个消息，宋文骢有些夜不能寐了。有机会学习深造、提高为祖国和人民服务的本领，这是宋文骢多年的夙愿！接到通知，他即刻赶到沈阳参加考试，后返回四平部队。

不久，学校录取通知书下达下来，宋文骢打好背包，告别了部队首长和战友，直奔哈尔滨。根据自己所长，他填报的志愿是空军工程系。由于他有航校学习的基础，又有在空军基地作机械师的实践，顺理成章地被录取到空军系一科，学习飞机和发动机专业。

哈军工有严格的学习淘汰制。一年的预科学习后，宋文骢以优异的考试成绩顺利进入大学本科。由于学业优秀，加上颇有组织协调能力，从大学二年级起，宋文骢就一直担任班长。除了学习工作，别无旁骛。寒暑假期间，他没回过家，

宋文骢从哈军工毕业

都是在学校读书学习。

在宋文骢看来，哈军工的教学非常值得推崇，老师在课堂上讲授的知识只是一个引子，学生还要大量查阅图书文献资料、博览群书扩展思考能力。1959年，马明德教授在招收研究生时，选中了宋文骢。宋文骢考虑再三，由于急于想投入到当时火热的建设中去，他最后选择到工厂设计室参加飞机设计——这时，完成了5年大学学业的他羽翼已基本丰满，踌躇满志准备为实现自己的理想振翅高飞。

"东风"压倒"西风"

《中国国防科技人才培养纪实》中记载："1958 年秋冬之际，东风 113 起步，哈军工三期空军工程系一科学生宋文骢参加了东风项目，分到沈阳 112 厂设计室，担任该型飞机总体设计组组长。"

也这就是说，宋文骢其实还在大学期间，就在老师带领下开始参加飞机设计研制工作，并且担任总体设计组组长。一个还在大学三年级读书的青年学生就担当如此重任，令人难以置信。

但这是千真万确的事实。

东风 113 飞机，是哈军工空军工程系师生 1958 年设计的一种高空高速歼击机。开始是作为一种教学活动，后来得到陈赓、刘亚楼以至彭德怀等军队领导的支持，确定立项试制。将歼击机用"东风"命名，意为"东风"压倒"西风"。

宋文骢这一期学员，此时正好完成了大学主要课程的学习，进入毕业设计阶段——宋文骢就是在这样的情形下，来到国营 112 厂（沈阳飞机工业公司），在第二设计室（东风 113 项目）参与飞机起落架设计。尽管没有经验，但他常规计算分析上手快、打样画图有一定基础、技术上也有独到之处，很快就让他挑起了总体设计组组长这一重担。

在研制东风 113 飞机的 1000 多个日夜中，宋文骢这位初出茅庐的设计师主要负责总体协调。但随着研制过程的深入，遭遇的问题实在太多，脱离了我国国情，最后以下马告终。虽然东风 113 项目不得不放弃，但经过飞机设计全过程真刀真枪的锻炼，一批像宋文骢这样的年轻设计师积累了丰富而宝贵的正反面经验，开始了他们飞机设计师的职业生涯。

摸透米格 21

1961 年 6 月，国防部第六研究院正式成立。8 月，宋文骢接到上级通知，到国防部六院一所（简称 601 所，即沈阳飞机设计研究所）报到。他的工作也有新的调整，担任气动布局组组长。

那一年，苏联同意给予中国米格 21 飞机及其发动机特许生产权，并提供生产技术资料和 20 架米格 21 飞机的散装件。由于当时正在仿制的米格 19 飞机出现了许多质量问题，国防科委批准推迟米格 21 仿制工作，工厂集中力量突击解决米格 19 的问题，而六院的主要任务是摸透米格 21。

601 所技术副所长、著名设计师徐舜寿提出，学习基本功要像"熟读唐诗 300 首"那样下功夫，实际上是要求大家深入学习后博采众长，为我国自行设计比米格 21 性能更好的飞机创造条件、奠定基础。

宋文骢隐约感到，此时航空工业已从发热的状态中冷静下来，进入到实事求是研制飞机的正常轨道。这对早就想研制我们自己歼击机的宋文骢来说，无疑是一大喜讯。

宋文骢立即组织布局组的同志开展工作——熟读米格 21 各册说明书、规范性能计算程序，摸透气动布局，研究作战使用，进而深入研究米格 21 的各种布局参数及改变参数的敏感性影响。他有自己还没来得及告诉别人的目的——有朝一日，自己一定要设计出中国人的飞机。

冬去春来，燕来雁归；日起月落，早晨黄昏——这一摸，宋文骢就整整摸了 3 年多，又是 1000 多个日夜！

这个建所不到两年、人员来自四面八方的科研机构，在摸透音速两倍这样一个复杂机种的任务中边摸索、边前进，设计师队伍迅速成长起来。

创建战术与布局专业

20世纪60年代初，中国的歼击机研制走到了一个关键的转折点。如何迈好自行设计的第一步，将直接影响中国今后歼击机研制的发展道路。

在研制东风113飞机过程中，宋文骢注意到，歼击机作为一种武器系统，有其特定的作战用途。一架性能优良的歼击机，既是当时航空技术水平的高度综合，又必然是航空技术与作战使用需求结合的产物。

飞机的作战环境、作战目标、作战方式的要求，是歼击机设计的基本依据，也是衡量歼击机设计成功与否的重要准则之一。战术技术和气动布局关联性很强，怎么分开呢？

在我们照搬苏联的飞机设计机构中，并没有这样跨越设计与使用的专业。宋文骢陷入长久的苦闷和思索。

"对，应当在歼击机研制中创建一个专业"，他给这个专业取名"战术技术与气动布局"。

当时有人认为，战术技术研究是空军的事情，称他们是不务正业。宋文骢不信这个邪，横下一条心，决心走这条无人走过的路。

经过努力，他终于得到领导认可，并担任布局组组长。这是一个10人左右的专业组，主要任务是承担飞机型号发展基础性、战略性和前瞻性的开拓工作。

宋文骢创立战术技术与气动布局专业到现在已经过去了40多年。设计人员走了一茬又一茬，但是第一任组长宋文骢奠定的专业基础和作风一直影响着这个专业的发展。他们前瞻性的技术储备和创新活力，引领着一个又一

个新型号的发展，一个貌似常规的业务技术专业构筑了中国歼击机研制史上的一道独特风景。

后来的实践证明，在飞机总体设计部门开展战术技术论证、气动布局和方案设计等顶层工作对飞机研制的成败起着关键性的作用。

阅世事变迁，看大江东流。

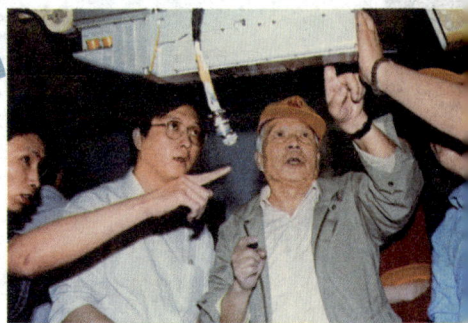

4

峰回路转

自行设计的开端

经过两年摸索和自行设计的深入研究，新机研制的时机已经成熟。宋文骢领导的战术技术布局组受命酝酿新歼击机方案。

1964年10月的关外，正是天高云淡、瓜熟蒂落的丰收季节。

米格21飞机改进、改型预备会议在沈阳召开。

然而，会议开了几天，却开不下去了。与会专家围绕新机方案展开了激烈的讨论。问题的焦点在于发动机，要满足新歼击机的战术技术指标，采用现成的单台发动机推力不够；而如果研制新的发动机，进度肯定赶不上。

怎么办？会议陷入僵局，与会者愁肠百结。

实际上，宋文骢他们在前期论证过程中已经发现了这个致命问题。在大家都围绕单发做方案的时候，他们还搞了个双发方案。遗憾的是，这个双发方案并没有引起决策者们的重视。

有人报告，这个所的气动布局组还搞过一个"双发的综合方案"。

主持会议的徐立行副院长有些惊诧，"那这个方案你们为什么在会上没有汇报？"

"这个气动布局组组长是谁？"

"组长叫宋文骢，50年代哈军工毕业的。"

徐立行副院长、刘鸿志所长和黄志千总师一行人当即离开会场，来到宋文骢的战术技术气动布局组。

"我们设计的基本指导思想是，首先必须立足于我国航空工业的实际情况量力而行，既要达到军委和空军提出的战技指标，保证研制进度，又要有切实可行的保证条件，否则任何美好的愿望只能成为愿望而不能成为现实。"宋文骢操着夹杂着云南口音的普通话答道，"总之一句话，本着不战则已，出战必胜的原则。"

　　徐立行听了宋文骢的开场白，赞赏地点点头，"你尽量放开讲，让我们听得详细些。"

　　时间一分一秒地过去，天渐渐暗了下来。

　　"好啊，你们的工作做得很细！"徐立行最后长长地吐了口气，眉头舒展开来，他有些兴奋地拍了一下桌子，站起来对刘鸿志说道，"刘所长，你们所可真是藏龙卧虎之地呀。依我看，开新歼这把锁的钥匙，说不定就在这双发的方案里呀！"

　　宋文骢听了徐立行这句话，有些激动，更有些欣慰——他多年的努力没算白费，多年的心血没算白流，他想为中国空军设计战机的夙愿，今天总算看到了一线希望和曙光。

歼8飞机的双发方案

第二天，米格 21 飞机改进改型预备会继续进行。

昨夜下了一场秋雨，又增添了些许凉意。

宋文骢走出办公室，深深吸了两口这雨后清新的空气，顿时感到人清醒了不少。他的手里拿着连夜加工出来的飞机模型，这个模型虽说有些粗糙，也来不及仔细打磨上漆，但基本能反映设计方案所表现的形态。

他揉了揉发涩的眼睛，用冷水抹了两把脸，最后又把手中的模型审视了一遍，提着还来不及做支架的模型，胸有成竹地向会场走去。

今天会议的主题，是全体与会者听宋文骢汇报他的双发"歼 7 综合改进方案"。

这是个极其严肃的会议，会议将决定我国新一代歼击机的命运。这样的会议，原本轮不上像宋文骢这样的小字辈在这里做报告。可今天却专门安排宋文骢在会上汇报他的设计方案。

其实，宋文骢为了今天这个与众不同的双发方案，已经准备了许久。

当他提着连夜赶制出来的双发飞机模型来到会上，这个尚未上漆的木质模型被人们笑称为"烤鸭"。面对这只"烤鸭"，大家交头接耳，有的疑惑诧异，有的心不在焉，有的不屑一顾，有的甚至还带着几分讥诮的味道。

这个方案能行吗？多数人望着宋文骢，抱着怀疑和冷漠的态度，这也是可以理解的。

"我们设计的方案，其实是两个。一个是按照总体设计要求，设计了一个单发方案，这个方案总师已在会上向大家做了汇报；另外，因考虑到新机发动机来源问题，又设计了一个双发方案，我们把它叫作歼 7 综合改进方案（65 方案）。"

宋文骢讲完开场白，拿起飞机模型开始讲解双发"歼7综合改进方案"，整个会场瞬间安静下来。

随着宋文骢汇报双发方案的深入，与会者慢慢地意识到，站在他们前面汇报的这个年轻人不是那种富于幻想、满怀激情的一般青年，而是观念新颖、思维严密的飞机设计行家；这个年轻人对新机设计的构思构想，最可贵的是面对现实脚踏实地，他的方案虽别出心裁，但具有相当强的可行性。当宋文骢汇报完方案、放下飞机模型时，整个会场一时竟然继续陷于沉寂之中，大家的目光都还停留在那只"烤鸭"上，思维都还留在了宋文骢关于双发飞机的方案里。

多数人已经领悟到这只"烤鸭"的分量。出乎意料的是，经过一番激烈的讨论，与会者很快统一了认识——中国自行设计的第一架超音速歼击机上双发方案。

歼8飞机迅速立项

宋文骢没想到，新机研制双发方案会被这样高规格的会议接受。离开会议室后，他有些激动，更多的是感慨。

夜深了，宋文骢还久久不能入睡。他的脑海里还在回放着这次方案通过时的情形，窗外掠过一阵秋风，吹得外面树上的枝叶沙沙作响。宋文骢点燃一支烟，推开门。夜空深邃，繁星点点。蓦然，一颗流星拖着橘红色的尾巴划破夜空，飞向遥远的天际——那就是未来战机掠过的轨迹么？我们的新机能不能适应这样的空战呢？

烟头在夜色中明明灭灭。

通过双发方案这件事，宋文骢增强了飞机设计的自信心。但他也深知，自己只是一个初出茅庐的普通大学毕业生，设计方案能有这样的结果，首先是这个时代给他提供了这样一个机遇，创造了一个好的研究环境和氛围，这种环境和氛围促使他更加奋力地向飞机设计高峰攀去。

1965年3月，国防科委在北京召开审定"双发"会议。著名科学家钱学森、中科院副院长张劲夫以及有关领导和专家参加了会议，一致同意上报的双发方案；4月，罗瑞卿总参谋长批准方案报告，并正式命名为歼8飞机。

自此，中国第一架超音速歼击机研制由国家正式批准立项。全国各有关设计和制造单位都进入到工作状态，热火朝天地干了起来。

但，歼8飞机的命运又会如何呢？

5

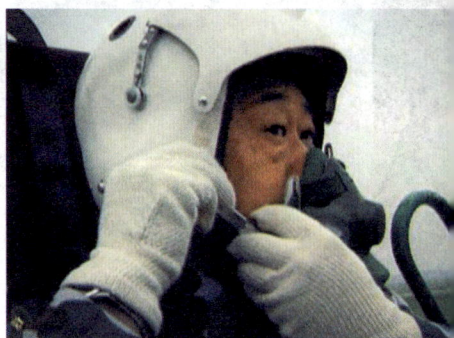

风雨袭来

姗姗来迟的爱情

歼8新机批准立项之时，宋文骢35岁——难道他真要等到歼8新机上天后才开始考虑个人问题吗？

宋文骢这代人，读初中高中时，男女同学之间保守得很，甚至还有些封建；后来他参加游击队，四处颠沛流离，哪里有条件谈恋爱；20岁离开家乡，从云南来到东北，先进航校当学生，后到部队修飞机，战争期间也没有时间谈恋爱；后来上哈军工，当时哈军工规定学生不能谈恋爱，谈恋爱要受开除处分；到了工厂和研究所，他不分白天黑夜钻进图纸资料堆，钻进东风113和米格21的肚子里，哪里有时间谈情说爱！

有月亮落下去，有太阳升起来。

等他有一天从飞机肚子里钻出来，揉揉眼睛，抬头望望天空，才猛然发现天空中还有五彩的云霞，云霞里还有自由飞翔的鸟儿，鸟儿们还成双成对地唱着悠扬婉转的歌！等他有一天拿着塘瓷碗上单身食堂，看到同学和战友们的孩子三三两两背着书包上学时，他才猛地拍了一下脑袋：自己已经30多岁了，早就到了成家的时候了呀！

宋文骢的档案里有一页发黄的《结婚登记表》，上面简单写着爱人张懿的基本情况：

张懿，1939年1月23日生。江苏南通市人。家庭出身银行职员。抗日战争时，随父母到重庆躲避战乱，1944年就读于重庆南山小学；抗日战争胜利后，随父母返回上海；1956年9月考上西安航空学院，所学专业是飞机结构设计；1961年7月毕业分配到601所工作。新中国成立后，父亲张岗在上海缝纫机厂当会计，母亲陈佳征在学校任教师。

登记表中"两人如何认识，是否自愿"一栏填到：1962年相识，自愿结婚。

　　如果用文字来形容张懿，"温文尔雅，端庄贤淑"最为准确。年轻时的张懿，既有上海姑娘的风度，又有知识女性的气质，还在全所文艺晚会上登台独唱歌曲。当时宋文骢和张懿虽不在一个研究室，但张懿是搞前机身结构设计的，工作上肯定会有接触。两个未婚的年轻人在一起，气质性格相投，日久生情，最终牵手，这是再自然不过的了……

好事多磨

荒唐的年代，总是发生令人啼笑皆非的荒唐事情。

宋文骢和张懿相处已经两三年了，觉得应该成个家了。可那时，凡党员、干部、军人，甚至搞国防工业的职工，要想结婚，必须向组织申请，由组织审查批准后才能去领结婚证。当宋文骢写报告向组织申请，意外的事情发生了——组织上不同意他和张懿结婚！

原因既简单又复杂，当时宋文骢正在搞列入"机密"级的歼8飞机，据说工作上还要接触"绝密"级总体、布局、性能等技术。他申请结婚，组织上当然要对张懿家庭进行严格的政治审查。审查结果说张懿的父亲在旧社会当过银行职员，不是纯粹的无产阶级。

领导用阶级分析的语言给宋文骢讲了一大堆道理和理由，总之一句话——组织上不同意。

宋文骢是个倔强认死理的人：你少拿组织这顶帽子来压我，我不是没有报告过，而是你从来就没有正面答复过！于是他和组织部领导谈崩了，双方面红耳赤，不欢而散。

不听组织上的话，这还了得！当时一个党支部书记就能代表党，在基层有着绝对的权威。

宋文骢是个说到做到的人，坚决不买这个账！

"宋文骢竟然不服从党的领导，个人主义抬头，个人利益第一，我们绝不能容忍这种现象在我们这里发生。"

双方僵持着，但僵持了不久，宋文骢终于犟赢了"组织"，争取到结婚的权利。1965年6月5日，他和张懿登记结婚。

宋文骢付出了真诚和执着，也收获了爱情和幸福。

山雨袭来

山雨欲来风满楼。

在完成歼 8 综合战术技术论证后，宋文骢被所里抽调出来主持歼 9 飞机总体气动研究论证。在他们完成"歼 9 简要战术要求报告"过程中，"文化大革命"席卷而来。

在这场运动中，宋文骢也受到冲击。

那时，因宋文骢学生时代参加了游击队，找不出他的历史问题。后来弄来弄去，还是莫须有地被安了一个"五一六"分子的罪名。被抓、被关押、被批斗……隔离、审查、请罪、写检查、交代罪行、睡地铺、不让吃饭……他都经历过。后来，他又被弄到蔬菜队种萝卜、种黄瓜、挖土豆……

一直到后来搞歼 9，对他还是监控使用……

直到 1974 年 2 月，宋文骢才被任命为 611 所总体、气动室主任，这时候他才算真正"解放"，才又重新开始从事他这辈子所挚爱的飞机设计事业。

"嘿，那些事情都过去了，还提它干什么。"宋文骢挥挥手，轻描淡写地说道，"'文化大革命'，有谁没受过冲击呀……过去了的事情，老是耿耿于怀，还能干什么事情呢……"

宋文骢是一个凡事向前看的人。他不愿再提"文化大革命"那些令人不愉快和让人灰心丧气的事情。

我们想从档案里寻找他这段历史，但里面没有任何蛛丝马迹。

"我最近过得还不错，'文化大革命'那些事就算过去了。组织生活已经恢复，问题倒是还有一些，由它去吧。十年来，好几次大变动。一句话，路

线问题。看来还要变，由它变去，但为人民服务总是变不了的……"这是宋文骢1971年秋天写给大弟宋文明信上的一段话。

从这段话中，我们可以窥见宋文骢在"文化大革命"中的一点思想和行为轨迹。

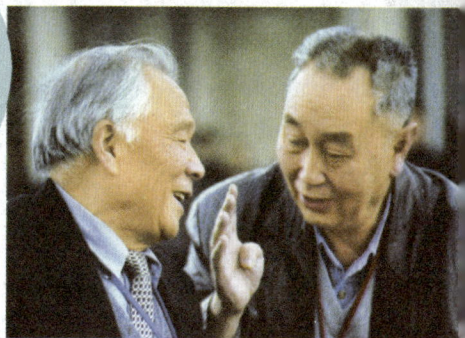

6

转战成都

新的起点

1970 年 5 月，时值仲春，白杨树已经长出新叶，迎春花已经绽放，这是一个新生命萌动的时节。

一列载着 300 多人的神秘专列即将离开沈阳。

为了应付未来的战争，抓好三线建设，上级研究决定恢复已经搁置了几年的歼 9 飞机研制，并决定由成都飞机工业公司负责生产试制。为推进研制工作，从事歼 9 设计的几百名工程技术人员及部分机关干部和工人带着行李和大批的图纸资料离开沈阳前往成都。

最初到成都的名单里并没有宋文骢，自从被戴上"五一六"分子的帽子后，他实际上已处于无人问津的边缘化状态。怎么办呢？为了歼 9 飞机，这些年宋文骢和战友们顶着各种压力，做了一轮又一轮的试验和论证，倾注了无数智慧和心血，难道就这样与歼 9 飞机失之交臂吗？

宋文骢不甘心。为了自己这一生的理想和志向，为了割舍不下的歼 9 飞机，此时的他已然顾不了这许多了。他思来想去，最后打定主意，和妻子一起动手打包装箱，做好了搬迁的充分准备。

火车即将开动了，宋文骢坐在靠窗的地方，静静地凝望着远方的天空。天很蓝，云很白，一群春天的鸟儿掠过蓝天，渐渐远去不见踪影——从云南到东北已经整整 20 年了，来时他还是个 20 岁的小伙子，而今却已是 40 岁出头的中年人了——岁月不饶人呢！

现在看来，歼 8 飞机虽然首飞了，可什么时候才能设计定型呢？而歼 9 飞机飞上蓝天的愿望，在这里是不能完全实现了。那么，到了新的地方，这个愿望能够实现吗？他心中有些迷茫。

列车一声笛响，缓缓驶出车站——再见了，东北；再见了，沈阳！

歼 8 上天

从 20 世纪 60 年代初到 80 年代初，宋文骢先后参与歼 8 和歼 9 两个型号的飞机设计研制，付出了他的智慧和心血，特别是歼 9 的研制，耗费了他 10 多年最宝贵的光阴。

这两个型号的飞机，在他飞机设计研究生涯中有着十分重要的意义。

这里先说歼 8 飞机。

1966 年年底，按照上级确保 1967 年年底飞机上天的要求，总体单位（601 所）发出了飞机全部结构、系统、特设图纸。可是到了 1967 年年初，形势急转直下，上海"一月风暴"席卷全国，科研生产几乎瘫痪。在这种严酷的形势下，广大科研人员和工人为了飞机上天，仍然坚守在自己的工作岗位上。

最艰难的时候，上班的人员在从住地到厂区的几公里路程中，偶尔遇到枪声大作的情形，这时就不得不弃车就地隐蔽，等"战斗"和枪声停息后再继续赶路。

科研人员和工人们就这样冒着武斗的枪林弹雨，坚守在飞机研制生产的第一线。但尽管如此，由于方方面面的干扰破坏，飞机到底未能实现 1967 年年底上天的愿望。

1969 年 7 月 5 日清晨，历尽磨难的歼 8 飞机终于停在了起飞跑道上——9 时 3 分首飞成功。

歼 9 之花的凋谢

宋文骢早在做完歼 8 双发方案后，就把主要精力投向了歼 9 战术技术论证和气动布局研究。来到成都，他和妻子简单收拾了一下行李，刚安顿下来，就一头又扎进他的研究中去了。

说到歼 9，宋文骢表情凝重。

"歼 9 干了 10 多年，最终没能上天，确实叫人遗憾痛心。但客观地讲，没有歼 9 作为基石，就不会有歼 7C 飞机和后来的歼 10 飞机！"

歼 9 和歼 8 飞机本是一对孪生兄弟——歼 8 是双发机，歼 9 是单发机。

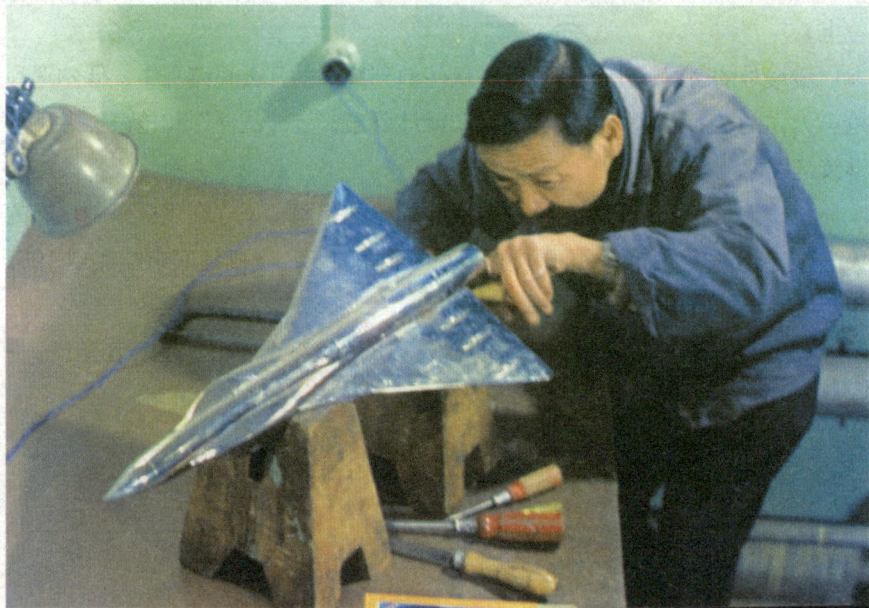

当年，宋文骢之所以提出双发方案、主张先搞歼 8，是基于解决现实需求的问题。

　　歼 9 设计的战术技术指标都超过歼 8，拟配备 1 台推力为 12500 千克的发动机。飞机初期设计气动布局为两侧进气、三角翼、有水平尾翼的正常布局，有良好的雷达火控系统和较强的火力配置，可使用导弹进行拦射攻击，能在复杂气象条件下进行全天候作战的高空高速飞机。

　　1966 年 8 月，中央军委批准了飞机研制任务。

　　在进行了大量实际调查和设计研究后，歼 9 飞机前后搞了几个方案，包括不同参数的正常式三角翼、正常式后掠翼及无尾三角翼方案，由于要求的战技指标太高，哪个方案都远不能满足这个要求。

　　这回，又轮到宋文骢和他的同事们睡不着觉了。

　　在研究过程中他们发现，在无尾飞机机翼的前面加一个小翼（鸭式布局），可以改善飞机的升力特性。随着对这种非常规（鸭式）布局的研究和认识的不断深化，鸭式布局被国防科委确定为歼 9 的基本方案，后又应用了飞机腹部进气形式，经风洞试验取得较好效果。

　　1978 年，上级决定歼 7 飞机进行大改的研制，歼 9 这株还没来得及绽放的花朵就慢慢枯萎了。后因面临发动机无法落实的窘况，到 1980 年，歼 9

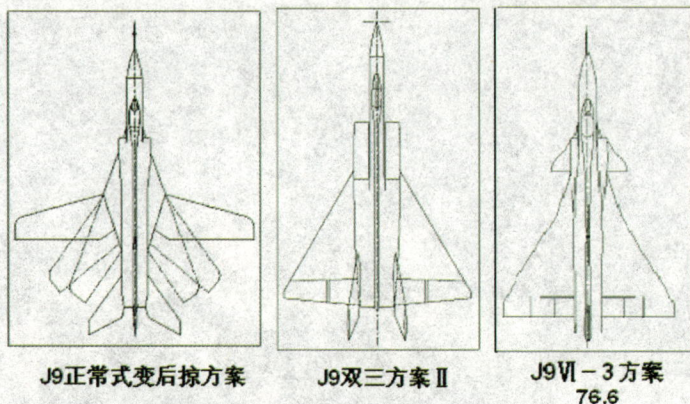

J9正常式变后掠方案　　　　J9双三方案Ⅱ　　　　J9Ⅵ-3方案
76.6

20 世纪 70 年代 J9 布局选型方案

的研制完全终止。

　　从 1965 年年初开始论证，到 1980 年终止研制，歼 9 之花历时 15 年，最终凋谢了。歼 9 与歼 8 当年同时开始研制，歼 8 尽管历经磨难，最终定型列装部队，而歼 9 最终还是夭折了——令人扼腕仰天长叹！

7

临危受命

跨越装备的鸿沟

　　1978 年，当时我空军和海军航空兵装备的主要机种是歼 6 和歼 7 飞机，比起国外装备的第三代战斗机，落后了 20 年。

　　最早的歼 7 飞机是引进苏联米格 21（62 式）的生产技术，1966 年在沈阳 112 厂试制成功，后来在成都 132 厂、贵州 011 基地又设立了生产线。但不久，"文化大革命" 席卷而来，工厂随即处于混乱状态。

　　苏联在 20 多年使用米格 21 的实践中，尤其是在越南和各种局部战争经验的基础上，进行过多次大的改型，其设计思想也发生了质的变化，已经不是当年高空高速的思路了。总体、气动、结构强度、机械系统、动力装置、材料工艺等和原来的飞机相比，已经有着 20 多年的技术差距，完全不可同日而语。

　　歼 7 飞机装备部队之后，工厂也曾针对部分问题对歼 7 飞机多次改进，但总体上还是 62 式机的水平。

　　这 20 多年的差距鸿沟，该如何跨越呢？按空军要求，不但要跨越这道深深的技术鸿沟，新改型飞机的武器火控和电子设备还必须优于苏联米格 21MΦ。空军认为该机未具备全天候作战能力是其一个很大的不足。

　　中国空军主战装备迫切需要奋起直追更新换代，别无他途，只能依靠自力更生。

型号总设计师

1980 年 6 月，国务院、中央军委正式批准研制歼 7 Ⅲ（即歼 7C）型飞机，并列为国家重点项目。国务院国防工办任命 611 所副所长、总设计师宋文骢为歼 7C 飞机型号总设计师。

宋文骢心里很清楚，部队需要的这种飞机虽说还叫米格 21，但它和 60 年代的米格 21 已经是完全两回事了。

他明显地感到肩上沉甸甸的分量。型号总设计师，他的职责除了型号的管理组织，还要负责整个飞机技术的决策工作。

飞机研制成功与否，总设计师是第一技术责任人。

接受任务后，宋文骢一天也没敢懈怠，稍事准备，他就带领设计人员马不停蹄地下部队调查研究，一定要切实搞清楚空军的实际要求。

南方的阴雨，北方的冰霜，荒漠的孤烟，海边的风浪。宋文骢带着设计人员，在短短的两三个月时间里走南闯北，行程数千千米。白天，他们与飞行人员、地勤人员一起探讨飞机各系统性能的优劣，研究改进的措施和方法；晚上，他们整理收集来的数据和素材，思考设计方案的修改完善。渐渐地，理清了歼 7 Ⅲ 型飞

歼7C飞机研制

机设计的基本头绪……

　　东方露出了淡白的晨曦，远处军营传来起床的号声——这久违了的号声对宋文骢来说真是太熟悉了，听见这号声，他有些兴奋。揉了揉疲倦的眼睛，他从一大堆图纸资料中站起来，活动了一下腰身。走到窗前，他推开一扇窗门，一股微凉的风从窗外吹来，一只晨醒的鸟儿唧啾一声，一下弹向广袤的晨空——新的一天又开始了。

定基调自行研制

经过几个月调查研究，总设计师对空军所需的飞机战术技术要求更加明朗，确认了空军使用要求，定下了自行研制基调，即结合国内航空科研生产情况，在充分利用样机的基础上，研制一架中高空高速全天候歼击机的设计原则。

"在搞这个型号时，我就意识到，我们是在搞一代全新的飞机，要赶上别人大量装备的第二代飞机，这和过去有质的不同。既然是这样，我就告诫自己和设计团队，必须全过程按自行设计进行；必须经过方案论证、总体设计、详细设计、试制试验和试飞验证等研制程序；必须结合我们国家的工业水平，走自己的路。"

宋文骢强调所有的技术工作必须严格按自行设计新机的程序进行，并始终不遗余力地坚持这个指导思想。

歼7C飞机打下的技术基础，发动机、大量新成品、新材料、新工艺的应用，支撑了我国20世纪80年代后的第二代歼击机的研制和改进。

宋文骢在歼7C飞机研制中，逐渐摸索出了一些适合大型系统工程管理的新路子，为研制的技术协调、质量控制、进度保证和经费管理起到了重要作用，保证了飞机总装一次成功、通电一次成功、全机静力试验一次成功、首飞一次成功的好战绩。

战机首飞呼啸蓝天

1984年的春天如期而至。

4月26日，是川西平原某机场的一个盛大节日。

这是一个难得的好天。两天前刚下过一场雨，蔚蓝的天空飘着几丝淡淡的云。新研制的歼7C飞机停在机场起跑线上，银色的机身在阳光下泛着奕奕神采，它傲然挺立，跃跃欲试。

下午2点钟，威武矫健的歼7C飞机由牵引车送入主跑道，停在起飞线上待命。

塔台上，机场指挥中心的工作人员各就各位，神情兴奋而严肃，等待着指挥员的最后命令。

首席试飞员余明文穿着飞行服从容镇定地走近飞机，像平常一样，登机前对飞机进行最后一次例行检查。他知道，歼7C飞机是我国自行研制的第一架高空高速全天候轻型歼击机，它凝聚着全国100多个厂所校提供的400多项成品，该机也将成为空军装备的重要机种。成败兴衰都寄托于今天的首飞。

　　宋文骢此时站在观礼台一侧，目不转睛地看着即将起飞的飞机，观察着试飞员每一个细微的动作。他知道，直冲云天的高速飞机，未可知的因素实在是太多太多，但他是军人出身，再紧张再严峻的场合，也都要保持自信和镇静。他要以镇定和自信来告诉试飞现场的首长和职工，特别是试飞员，我们自行设计的飞机是可靠的、安全的。

　　"起飞！"试飞指挥长果断地下达了起飞命令。

　　蓦然，一颗绿色的信号弹升上天空。

　　飞机像一支利箭飞驰而去，瞬间便腾空而起，冲向蓝天！

　　飞起来了，飞起来了！我们的飞机飞起来了！

歼7C飞机首飞放飞现场

临危受命　　**51**

歼7C飞机武器

"飞行一切正常。"从空中传来试飞员兴奋的声音。

飞机飞行22分钟后安全着陆，张开阻力伞滑向机场跑道的另一端。

宋文骢长长地吁了一口气——

歼7C飞机从研制到首飞，前后经历了6年时间；到设计定型，又经过了3年。飞机设计定型后装备部队，迅速形成空军部队的战斗力。

歼7C的总体性能比米格21MФ更好，部队给出的评价是比当时装备的所有机种性能都好，其故障率低、操作性能好。在中国飞机设计史上，它是非常成功的范例。

8

新的序幕

新的机遇

1982年初春，新的消息传来——我国要搞第三代歼击机。

随着国际军事斗争形势发展的变化，空军部队迫切需要研制出一种适应2000年前后作战环境、具有世界先进水平的歼击机。

2月，新机研制方案评审论证会在北京召开。

会议正式开始。会议主持人点名，轮到宋文骢发言了。

"近年来，就世界上发生的局部战争来看，已经不是当年我们在朝鲜战场上与美军厮杀时的情形。现代战争的概念已经发生了本质的变化。"

宋文骢从目前世界歼击机发展的现状、结合未来的空战设想讲起，指出新机应该具备的基本战术技术指标以及实现这些指标的措施和途径，如新机设计采取何种气动布局、哪种飞控系统和拦射火力系统……

这次会议围绕新机的战术技术指标、气动布局、飞控和火力系统等进行了严肃而周详的研究讨论。会议最后做出出乎与会者意外的决定：新机研制事关国防建设未来大计，这次会议暂不确定方案，当前还需继续发扬民主，畅所欲言，充分听取不同意见，理清思路；两个总体设计研究所继续做新的方案，3个月后再开会进行论证。

这个决定开创了我国飞机设计方案进行竞争性先期论证的先河。

自信源于科学判断

2月26日，宋文骢开完会，从北京回到成都汇报了北京会议的主要情况。大家统一思想，集中力量，不惜一切代价，全力以赴做好方案论证准备。

宋文骢一刻也没有犹豫和休整，立即组织各专业的技术人员忙碌起来。他要利用这些年所里的研究成果，对新机方案进行精心的筛选和设计。为了进一步得到更精确的数据，他马不停蹄地带着几个同志来到风洞试验场。

尽管宋文骢他们从1962年就开始对气动布局进行研究，搞歼9飞机的几个方案又反反复复经过近万次风洞试验。对鸭式气动布局方案也进行了流谱试验和机理分析，得到大批试验数据，但这还远远不够。

经过大家团结努力，在北京召开方案评审会前，宋文骢已经准备了两个设计方案，单是气动布局就进行了两轮优化，再进行风洞试验，又取得大量的试验数据。

在试验中他们发现，鸭翼与边条翼一样都能产生稳定强涡，并通过机翼上表面诱导出机翼升力。通过风洞试验，可以看到在大攻角下仍具有较稳定的升力。鸭翼比边条翼还有另一个优点，就是可控。在这次试验中，他们还进行了机翼锥形扭转和前缘锯齿的设计，以改善升阻比。

新机第二次方案评审会的日期越来越近了。

如今，万事俱备，就等待方案评审会了。

鸭式布局方案脱颖而出

两个月后，新歼方案评审会在北京召开。宋文骢代表611所汇报方案。

这两个方案都是鸭式布局，区别在于一个采用腹部进气、另一个采用两侧进气。他首先讲解了鸭式布局在世界飞机发展中的普遍规律、鸭式飞机目前在先进国家应用的状况以及为什么要采用这种布局的理由，同时具体分析了无尾布局、固定鸭翼布局、全动鸭翼布局等几种布局技术的优势和不足，特别是具体分析了涡机理和参数匹配等问题。

"这里还要考虑机动性、武器系统、雷达系统等问题。比如我们设计的腹部进气方案，就主要考虑大攻角机动问题……"宋文骢用手比画着，向与会者讲道。

会议接着开了5天，分为总体气动、动力系统、飞控系统、武器系统等专业组进行充分讨论。讨论结果是与会领导与专家基本认可了宋文骢提出的鸭式腹部进气设计方案。

此后，国务院、中央军委联合发文批准新歼研制，并列为国家重大专项。国防科工委正式发出任命书，任命宋文骢为新歼击机总设计师。

中国新型歼击机研制要来个三级跳，一定要搞出能与美苏等国相媲美的第三代战机来！肩负着新机研制神圣的使命，宋文骢坚定地向着他理想中的目标跋涉而去。他的身后，留下的是义无反顾的足迹。

这一年，宋文骢56岁。

总师的责任和压力

歼 10 飞机是跨代的武器装备，其领先属性和对抗特征决定了国外对我国必然实行严密的技术封锁。走出我国自己发展第三代歼击机的路子，无疑是困难重重。

请问，你的技术储备怎么样？你的工业基础怎么样？你有凝聚和调动各行各业的权威吗？你有雄厚的研制经费作保障吗？……

这些问题，其实一开始就引起各方面领导和专家的担忧和争论。

多数领导和专家虽然对宋文骢提出的方案渐渐理解和支持，但不同的意见却一直没有停息。

"老宋提出这飞机的指标是不错，但他能搞出来吗？当年歼 9 提出的指标也不错呀，但搞了 10 年、8 年，还是只能仰天长叹！"

宋文骢听到这些话，莞尔一笑，并不当一回事。他知道，自己只是一个在中国这块土壤上土生土长、从一个机械师成长起来的飞机设计师。

但有些话也吹到了上级机关领导的耳边，或多或少地引起了领导的疑虑和担心。

北京会议后，航空部一位领导专门找宋文骢和所长成志明谈话：

"老宋啊，你现在是新歼的关键人物了，新机研制的成败，你责任重大。说句直率的话，我真担心空军提出的战术技术指标太高了。"

"空军提出的战术技术指标是从未来战争的需要提出来的。"宋文骢思忖了一下，回答道。

领导还是不放心："空军对我们有这么高的要求，你搞不出来可不行啊！"

"我们既然敢接手这事，就有决心和信心把它干出来。"成志明说。

"那，能不能给我写个保证呀？"领导说道。

宋文骢闻言愣了一下："领导是要我宋文骢给你立个军令状？"

"不必不必，我只是想试试你们的信心和决心而已。"

"不，既然部长你说了，我宋文骢是个较真的人，我们就给你写个保证书！"宋文骢说完，果断地请成志明拿出纸和笔起草保证书……

与宋文骢一起签军令状的成志明所长

9

运筹帷幄

"三大法宝"

搞一架飞机，无疑就像指挥一个大兵团作战。

歼10飞机进入正式设计研制以来，最现实、最严峻的问题就摆在宋文骢的面前：如何把所有的参研人员都凝聚团结和掌握组织在歼10飞机这面大旗之下？如何做到各个系统设计都统一到这架飞机上来？如何真正做到统筹规划、统一领导、统一指挥，与这架飞机同呼吸共命运、休戚与共呢？

按照武器装备研制设计师系统和行政指挥系统工作条例的规定，总设计师是飞机研制的技术总负责人，是设计技术的组织者、指挥者和重大技术问题的决策者。

这个定位赋予了总设计师的使命和责任，而宋文骢的"帅之道、将之谋"又是什么呢？

宋文骢简而言之，"明确的研制方针、强有力的组织保证、行之有效的技术途径"，这就是贯穿歼10飞机整个研制过程的"三大法宝"。

"第一，坚决贯彻国务院、中央军委确立的研制方针。"宋总说，跨代的武器装备，其领先属性和对抗特征决定了国外对我国必然实行严密的技术封锁。要成功，必须坚决贯彻独立自主、自力更生的原则，以我为主自行研制，这是基本的战略定位。唯有牢牢掌握主动权，才能走出我国自己发展第三代歼击机的路子。

"第二，组织上必须有坚强的保证。"根据新歼型号必须突破的四大关键技术，适应现代飞机系统综合性强的特点，整合设计与试验，变革过去设计和试验脱节的状况，设计试验不断迭代、不断深化，才能使设计技术问题得到彻底的解决。理顺外部关系，为了保证飞机平台与各系

歼10飞机研制

统的高度融合，理顺总体系统和子系统的关系，建立和理顺系统、功能分系统、子系统、软硬件研制四个层次的关系。

"第三，重大技术途径必须明确无误、贯彻始终。"第三代歼击机设计只有成功实现大系统及全机的综合集成，才能完成型号研制目标。总体设计单位要抓住影响全局的技术关键，主动支持配合兄弟单位研制攻关解决问题。所有管理资源配置必须围绕专业主计划展开，狠抓影响全局的技术关键问题。具体实施时要全面推行自上而下设计和自下而上综合集成的方法；全过程要分阶段地在科学验证的基础上，进行综合、优化、迭代。

上兵伐谋，运筹帷幄，这是决胜千里的关键。宋文骢凭着丰富的工程经验，胸有成竹，指挥若定，有效地组织、管理着新歼研制这支人才济济、群星璀璨的技术团队。

事非经过不知难

　　研制初期，围绕由谁来负责飞控系统和综合化航空电子系统的设计曾出现过争论。宋文骢坚持飞控和航空电子等系统设计必须与飞机总体紧密结合，子系统、设备必须按系统设计要求进行研制。为此，他耐心地多次到有关单位和领导机关进行沟通，终于改变了过去一些系统或设备研制各自为政的现象，理顺了飞机系统与子系统（设备）、成品的技术关系。

　　在飞机研制过程中，宋文骢要求凡是系统和产品经过试验、发现问题，必须对故障进行封杀，彻底进行根治，故障必须归零。他严格要求质量，无论产品是国产还是国外的，是权威发布的还是权威推荐的，对它产生的故障都必须做到零容忍，而且绝不允许有重复。

　　歼10飞机的飞控、航电等系统软件已经成为系统的核心"部件"，而软件设计中存在的问题不易识别，软件开发工作难于控制管理。宋文骢敏锐地看到这一严重问题，在国军标未出台之前就率先推行软件工程化，探索和形成了许多机载软件与系统一起开发并集成到系统中的工程方法。

　　如今，歼10飞机在国防科工委和航空部的具体组织领导下，像一艘航船打破层层坚冰、拨开重重迷雾、排除种种干扰、进入正常航道，开足马力向着既定的目标驶去。

难为无米之炊

这一天，宋文骢起得很早。

昨夜下了一场秋雨，燥热的天气凉爽起来。吃过早饭，他匆匆赶去所里。当天上午中央军委副主席刘华清等首长要来所里检查工作，并要专门听取歼 10 飞机的研制情况。

这几年，新机研制工作从上到下虽说没有停顿，但进度很不理想。宋文骢思忖了很久，觉得有些问题是该向领导汇报了。

本应外购和引进的技术和设备不能到位，国内有的研制单位工作不紧不慢，有的单位甚至停顿下来，其中最重要的原因只有两个字——经费。没有钱订不了货，没有钱谈不了合同，谈好了合同也没有钱支付人家。国内还好一点，但和外国人做生意，要引进国外的技术和设备，没有钱一切都免谈。好多该办的事办不了，已经办好的事也不得不拖了下来——眼见这种情形，作为总设计师的宋文骢心里比谁都着急！

早在 1987 年 6 月，设计团队经过两年半的努力就已提前完成了飞机的初步设计工作。所有的技术准备工作已经基本就绪，就等着早日正式发图，早日启动正式的试制生产。可巧妇难为无米之炊！从 1986 年起，新歼只能靠预研费和少量的科研经费支撑着。

天还早，整个所区静悄悄的。宋文骢来到办公室，他无意中看见书柜里那个有机玻璃的小飞机模型。不知为什么，他对着那个模型凝思起来。

这一天汇报会上，宋文骢汇报新歼研制进展情况。刘副主席首先肯定了新机研制取得的成绩，向大家表示敬意和慰问，随即会议的主题就转到了研制经费上来。

刘副主席："你这里每个人的工资有多少？"

所长："全所按去年统计数据，人均每月工资400块。"

刘副主席："最高的是多少？"

所长："最高是我们宋总，大概每月不到1000块。"

宋文骢笑着回答："扣除科研岗位补贴，其实工资只有200块。"

刘副主席看了宋文骢一眼，轻轻点了点头。又沉吟了一阵讲道：

"同志们，说实话，我没有钱，我口袋是空的。宋总不到1000块钱，在广州普通人员也都是1000块钱！但宋总做了事业……要对中华民族做出贡献，一定要像宋总这样……新歼一定要坚定不移地搞下去，有些困难我们一起来帮助大家解决！"

刘副主席的讲话赢得大家热烈的掌声。

散会后，领导临走前握住宋文骢的手说道："老宋，眼前肯定还有很多很多的困难，我还是那句话，我们一起苦熬吧。"宋文骢点点头："您放心，该干的我们绝不会往后拖一天。我也相信，总会有熬出头的一天！"

1992年在北京召开的歼10工作会上，刘华清副主席对歼10飞机研制给予了很高的评价，并要求所有参加研制的单位抓紧工作，为早日实现新歼首飞而努力。

歼10飞机的设计研制逐渐进入正常轨道。

打破洋专家的预言

现在，又一个大的难题横亘在了宋文骢面前。

歼 10 飞机的主起落架装在机身两侧，在设计中采用了从未有过的"外八字"形状，其侧伸角几乎达到 18°。这样的结构，如何解决缓冲器伸缩运动的防卡滞问题，是起落架的关键和难点。

"你们的技术不行，你们的方案不行，你们的人员不行。这样的起落架，你们是搞不出来的！"国外某飞机起落架公司的专家曾这样告诉宋文骢。

宋文骢笑了笑，问："这种起落架你们也没做过，如果做，你们把握大吗？"

外国专家答道："世界上许多商用和军用飞机起落架都是我们设计生产的。只要价钱合适，我们可以帮你们做好。"

"那需要多少钱？"

国外专家一连做出几个手势。

宋文骢装作不解，开玩笑道："需要 26.5 万美元吗？"

"宋老总，你真幽默。不，是 265 万美元，这还仅仅是评审费。"

宋文骢脸上的笑容消失了，他轻轻摇了摇头。他知道，265 万美元按当时的汇率相当于近 2000 万人民币，而设计费加装机件报价高达 1100 万美元。别说现在宋文骢兜里没有这笔钱，就是有也不能这样花啊！

谈判显然进行不下去了。

"你们肯定干不了的。"临走，外国专家告诉宋文骢，"等你们干不了的时候，随时可以再来找我们。但那时候的价钱我们只能再协商了。"

外国专家意味深长地走了，他们认定宋文骢最终还是会来找他们的。

外国专家走后，宋文骢陷入了久久的沉思。

每每谈起这事，宋文骢就义愤填膺。

　　"对外合作，一定要牢牢控制总体设计权；合作是有重点地引进关键技术，而不是全面引进。目的是要消化以后自行设计研制，关键技术一定要自己攻关。"宋文骢自歼10飞机开始研制以来，他的立足点就一直是自力更生，万不得已要与人技术合作时，也要以我为主，不能让人牵着鼻子走。

　　"这个起落架比其他飞机的复杂，难度很大。但没有路的地方总要有人去。一个起落架，依我看也没什么了不起，我相信你们能把它搞好。我跟你们一样，也是想争这口气，让我们大家共同努力吧。"宋文骢缓缓说。

　　经过半年多的艰苦试验，宋文骢终于等来了千里之外传来的消息，高泽迥副主任在电话中告诉他，"落震试验圆满成功！"

　　后来算起来，整个项目研制经费只用了28万人民币，它的试验成功不仅为国家节约了大量外汇，同时也打破了外国人关于中国人做不出这种起落架的预言。

　　宋文骢在总结飞机研制体会时对大家说，"盲目的照抄照搬是没有前途的。我们对外合作的目的，是为我们自行研制打下基础。我的主导思想，就是要我们的技术人员尽量多干、早干、自己干。通过自己干，我们才有收获，收获一批中国自己研制当代先进飞机的技术人才。"

攻坚攀险峰

歼 10 飞机技术指标要求高，需要总设计师解决的问题和组织攻关的项目千头万绪。

在研制初期，宋文骢就指出，在统筹全局的同时，必须牵住牛鼻子，重点突破第三代飞机的四大关键技术，即放宽安定度的短间距鸭式气动布局、四余度数字化电传操纵飞控系统、高度数字化综合化的航空电子系统、计算机辅助设计与制造技术以及与四大技术相关的一批新结构、新系统、新成品，以至于原材料、元器件都要上一个陡峭的台阶。

要跨越这个台阶，谈何容易！

作为总设计师的宋文骢，虽然年过花甲，但在繁忙的工作之余，还在抓紧时间学习新的知识、新的理论，力争成为新歼的一本百科全书。

"不学习不行啊，你不了解飞机设计研制的最新成果，不站在飞机研制的前沿，自己搞出来的东西说不定就是落后的呀。"

在新机研制整整 20 年漫长的过程中，他的能力、知识、智慧、经验、技术、身体，最重要的是意志，每天都在经受着考验，每天都要接受挑战，有时这种考验和挑战甚至是很严酷、很痛苦的。

"作为搞飞机的技术人员，任何时候你都要沉得住气。焦躁、沮丧、大喜、大悲都是搞飞机研制的人的大忌。"宋文骢这样告诉技术人员。

新歼经过"七五"艰难起步，"八五"技术攻关，"九五"样机问世。自此，飞机研制进入正常轨道，宋文骢没有一刻喘气的时间。

1997 年 6 月 2 日，歼 10 飞机原型机 01 架总装交付，等待它的将是更严峻的挑战和考验——首飞。

严谨科学的态度

会场静得出奇。

宋文骢目光落在面前的"型号飞机首飞放飞批准书"上，陷入久久的沉思。眼睛的余光，明显看见会场上的人都把目光落到他的脸上。

这真应了一句俗话，好事多磨。在这个节骨眼上，怎么会出现这样的问题？！

1998年3月，新机首飞准备工作按既定方案进行着。经过十几年的艰苦努力，新歼经过一系列的模拟试验和地面试验，飞机各个系统都呈良好状态。指挥部决定于3月12日在成都进行首飞。

这是所有参加研制的人们望眼欲穿的日子。

这些日子以来，宋文骢和他的团队几乎每天都是十几个小时蹲在现场，处理和解决首飞前的各种问题。望着昂首挺胸、跃跃欲试的新机，宋文骢发自内心地感到激动和欣慰。从 1982 年开始搞这架飞机的方案设计，到现在已经整整 16 年。他从 52 岁干到了 68 岁，从中年干到近古稀之年，这架飞机耗尽了他的全部心血、精力、智慧、情感和宝贵的年华。而今，他就要亲自把它送上蓝天，就要亲眼看见它搏击风云，他能不感到激动和欣慰吗！

歼 10 就要首飞，这当然是我国国防领域的一件大事。早在几个月前，中国航空总公司、总装科技部领导就率领工作组来成都协调首飞准备工作。

可天有不测风云。就在现场进行的最后机务检查中，年轻的机械员突然在飞机发动机启动过程中发现机身漏下不易察觉的三滴油。这三滴油说来微不足道，但这三滴油说明了什么问题呢？万事俱备，离飞机确定的首飞时间只有十几个小时了，是带着这小小的隐患起飞，还是推迟首飞？

作为现场技术最高负责人，宋文骢此时必须给出明确结论。箭在弦上，是收还是放？这对一个人来说，需要多大的胆略、多大的智慧，要承担多大的压力啊！而今，这"三滴油"的意外事件需要宋文骢表态了。

宋文骢来到现场，循着漏油的地方检查，仔仔细细看了又看，而仅仅从外蒙皮和打开的有限部位很难判断出现问题的原因。

此时，现场同志都围拢过来，宋文骢环视了一遍大家，接着说道：

"这件事发生得很突然、很意外，以至我们没有一点思想准备。是的，事情很小，仅仅就是三滴油的问题，但——"宋文骢停了停，决绝地说，"我的意见是，尽管我们已经万事俱备，但在没有弄清这三滴油的来源之前，我们绝不能放过任何一个微小的疑点，绝不能让飞机带着一点点安全隐患上天！"

"我同意宋总的意见。"现场总指挥、总工程师也发表了意见。

最后经过仔细检查，发现飞机发动机改装前有 8 个孔未封堵，造成发动机渗油。现场指挥部又组织人员花了 12 天检查排故。在检查排故期间，宋文骢一直待在现场，与技术人员一起分析原因、查找故障，使问题得以归零。

对首飞我有信心

歼10飞机首飞时间定在1998年3月23日。

这一天，天公不作美，机场上能见度很差。试飞现场聚集的人比哪一次都多，大家站在机场东侧，翘首望着灰蒙蒙的天空，盼着我们的首飞可以接受的能见度。

主席台上，总装备部部长、总装科技部部长、空军副司令员、航空总公司总经理等领导坐在那里，不时望望天空，等着天气的好转。

宋文骢没有在主席台就座，而是提前来到停机坪，平静地看着机务人员对飞机做最后的检查。不久，首席飞行员和试飞局局长也驱车来到停机坪，与机务人员一起检查飞机，等待指挥员的命令。宋文骢察觉到，今天的首飞，从空军的首长到首席指挥员、首席试飞员都免不了有些紧张——这毕竟是他们第一次飞全新的静不安定的电传操纵飞机。

飞行有风险，试飞更有风险。根据国外的试飞情况，绝大部分电传飞机在试飞中都有过机毁人亡的事故记录；加之歼10飞机技术跨度太大、新成品比例太高，飞这样的飞机风险就会更大。

天空终于裂开了云缝，指挥塔上传来准备起飞的指令。宋文骢在远处和首席试飞员雷强做了一个手势，目送着他走向飞机。然后，宋文骢迅速回到塔台，在指挥大厅后面找了一个不显眼的位置坐下。

雷强登上飞机，镇定地向大家挥手致意后进入了座舱。

全场的人屏住呼吸，看着飞机发动、滑行、加速，随着一阵巨大的轰鸣，飞机抬起前轮，瞬间便冲天而起。啊，飞起来了，飞起来了！全场的人欢呼、跳跃、鼓掌，有人把手中的鲜花抛向天空，向飞机和飞行员致敬。

此时的宋文骢只有两个字可以形容：镇定。他手放在前额上，注视着飞

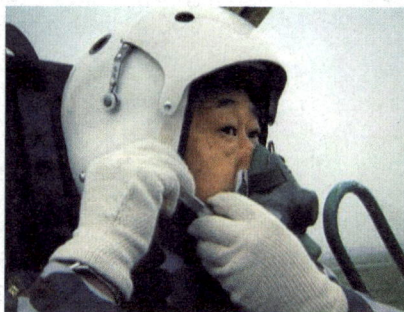

歼10飞机首席试飞员雷强　　　　　　歼10飞机首飞成功后试飞员、设计员合影

机平稳地抬头飞上天空、冲进云层，爬升到更高的天空。飞机已渐渐不见踪影，但他还是通过大厅前面的屏幕观察着它的方位和飞行情况。

当飞机从天俯冲而下、飞过主席台上空时，飞机在主席台上空环绕3圈后，试飞员在空中主动请求再飞1圈，现场指挥中心同意了他的请求。飞机超额完成首飞任务后，降低了飞行高度，稳稳地从远方直奔跑道而来，大家又一次屏住了呼吸。

飞机着陆了，机身后突地放开一顶大伞，继而稳稳地停在跑道上。

歼10战机首飞成功了！整个机场成了欢乐和激动的海洋。

运筹帷幄　　71

一个固执的老头

首飞不易，定型更难。研制飞机的人常常把这句话挂在嘴边。

纵观世界飞机设计史，无论哪个国家研制的飞机，在飞机设计定型上，无不经历艰难崎岖的漫长过程。无论是当今世界比较看好的 F16 飞机，还是苏 27 飞机，都经历过这个曲折苦涩的过程。

歼 10 飞机也必然经历这个崎岖险阻的过程。

飞机虽然上了天，可宋文骢却更不敢有丝毫的懈怠，他明白前面还有更长的路要走，还有更险的山峰要攀——调整试飞、定型试飞。飞性能、飞操稳、飞颤振、飞火控……许多要飞的风险项目都是我国军用飞机未有过的。

一天，在飞机完成第一次超音速飞行后、承担试飞任务的同志们都为成功感到高兴时，却发现宋文骢眉头紧锁。

"宋总，今天的超音速飞行很顺利，你为什么反而忧心忡忡呢？"中午，参加试飞的人员到机场旁边一个小饭馆吃饭时，终于有人忍不住小声问宋文骢。

"你认为这就算是大功告成了吗？"宋文骢轻轻地摇了摇头，"飞行数据我看过了，我看……有的不理想。"

"按试飞大纲要求，飞机已经达到它的飞行速度了呀！"。

"再飞一个起落看看吧，"宋文骢沉

吟一下避开话头，"你们累了一上午，早就饿了，先吃饭吧。"

飞机又飞一个起落下来，宋文骢再看飞行数据时终于沉不住气了。回到所里，他马上召开专题会议。会上，他叫总体室的同志找出当年做方案时飞机模型在风洞吹风的数据，与现在飞机试飞的数据进行反复对比。最后，大家终于发现两组数据存在的差异。

"两组数据虽有一定差异，但重要的是并不存在安全隐患问题。生米已经煮成熟饭，也只好这样了。"有人附和道。

"不行。"宋文骢坚定地说，"我们给空军造的这架新机，一定不能让它留下任何遗憾。"

"必须趁现在飞机还没定型，抓紧修正优化。不然像现在这样飞下去，飞机是很难达到设计指标的。"

可飞机已经成型，要再做改进，谈何容易！这可是牵一发而动全身的事啊！其他与会者望着宋文骢，没有说话。

当断则断！"不管有再大的困难、再多的客观原因，也不能凑合，必须立即着手进行改进！"宋文骢没有丝毫让步的余地。

一时间，各种闲言、牢骚、抱怨，甚至怒气明里暗里都冲着宋文骢而来。

"这个老头，真是太固执了，那是水泼不透、针插不进！"

其实，宋文骢心里比谁都清楚，这样的决定肯定会引来上下左右的抱怨和疑虑——但不这样做确实不行！作为总设计师，他比其他人想得更深更远。如果我们硬要这样搞下去，就算通过了其他试飞项目，但为了达到歼10飞机的战技指标，将来也非改不可。

国防科工委、航空总公司支持了宋文骢的飞机改进方案。

10

感动中国

歼10飞机参军

2003年3月10日，天刚亮，空军某试训基地的车队朝机场疾驰而去。

宋文骢坐在车上，透过车窗，他看见东方的天边飘着淡白的云朵，而头顶上却覆盖着阴郁的云层——这天气，真是不可捉摸。在戈壁西线进行导弹靶试的飞机今天能够按时起飞吗？东线空军基地的开飞仪式今天能正常进行吗？

望着窗外，宋文骢陷入一阵沉思。

他是昨天晚上从成都飞到东线来的，连夜驱车赶到了部队驻地。今天，他要参加新机交付空军后的开飞仪式。

从2000年飞机转场到西北后，3年的时间里，试飞现场放假休息总共才40天，而且经常是从早上8点干到深夜12点。许多人已经几个春节没有回家了，都是在戈壁滩上度过的。

作为总设计师，宋文骢经常待在试飞基地，和全体试飞员和研制人员一起逐项逐项地分析解决试飞中的问题，克服一个个难以想象的困难，闯过试飞中的一道道难关，取得试飞中一个个胜利，但也承受了身心的极度疲惫——但无论如何，飞机设计定型已经看见初露的曙光了。

车队继续向机场驰去。幸好，刚进机场，天空中的云霾终于慢慢消散，露出清明的亮光。

8点50分，机场上空已是云开雾散，云层中投下明媚的阳光。远方突然传来一阵飞机的轰鸣，一架飞机出现在北边的天空——那是从北京来的专机。专机在空中稍作盘旋，降落在基地跑道上。

　　飞机开飞仪式定于上午9点半，现在终于可以按时进行了。

　　9点27分，01架新机停在了起飞线上等待起飞命令。这架战机由试训基地李勇副司令员亲自驾驶。9点30分，随着指挥员一声令下，只听一阵轰鸣声后，飞机像箭一般冲出起跑线。宋文骢坐在观礼台上，看见飞机瞬间拔地而起、直冲云天；紧接着，第2架新机紧随其后，瞬时滑行后便呼啸升空。两架飞机的起飞动作，犹如弹射而出的两支利箭一般干净利索。少顷，只见两架飞机一前一后，像两只矫健的燕儿在云霄之中穿行起来。

　　随后，在基地礼堂召开了新机正式交接仪式。

　　宋文骢今天显得很高兴，他在热烈的掌声中走上了主席台。他满头的银发在灯光下熠熠生辉，今年他73岁，从搞歼10飞机起，他已经历了18个春夏秋冬。今天，他观看了飞机的精彩表演，听了总装和空军首长热情洋溢的讲话，他心里有太多的话要说，有太多的感想要和同志们交流。在热烈的掌声中，他将捋满头白发，凑近麦克风，沉缓而深情地讲道："同志们，今天确实是个好日子。我算了算，我们的新机到今年已经18岁了。今天，终于可以参军了！……"

　　宋文骢话音未落，会场响起热烈的掌声。

感动中国　　**77**

悠悠赤子情

宋文骢今天回家的脚步比哪一次都迈得轻松。

下了飞机，接他的汽车到了研究所门口，他拒绝了驾驶员送他到家门口的好意，拖着简单的行李，沿着所区林荫大道向家属区走去。大道上行人寂寥，今夜月色很好，皎洁的月光从树冠枝叶间投落下来，迷离而温柔。

今天，他想一个人走回家去，给夫人和女儿一个意外的惊喜。

北京科学技术大会已经闭幕，想来夫人和女儿已知道歼10飞机获得国家科技进步奖特等奖的消息。歼10飞机已经设计定型，批量装备了部队，他终于兑现了自己在"军令状"上的承诺。为了这一天的到来，他殚精竭虑、披星戴月为此奋斗了整整20多年。

为了几个型号的飞机设计、研制和定型，宋文骢这几十年来确实舍弃了常人所拥有的生活规律和天伦之乐。

歼10首飞之后，妻子张懿眼睛的视力越来越差。医生告诉她，如现在及时手术还有最后一次复明的机会，不然眼睛就有失明的危险。是的，妻子一只眼睛视网膜脱落已经做了两次手术，均不太成功，而另一只眼睛视力更低。如再不及时手术，眼睛的病情将继续恶化。宋文骢得知这个情况，感到强烈的自责，他知道妻子的病确实不能再拖了，这才决定利用这年春节假期带妻子到北京接受手术，给妻子一次手术的机会。

当得知自己当选为中国工程院院士的消息时，他没有表现出一点沾沾自喜或踌躇满志，只是淡淡地对祝贺他的同志们说道："院士院士，就是做事。院士也没什么了不起，这只是你在某一方面的工作中做出点成绩，社会对你的承认罢了。"

　　而今，宋文骢终于完成他的历史使命，他终于能有点时间提着篮子替夫人去市场买菜、为家里的琐事操心，以弥补几十年来对家人的歉意。

　　今夜月色很好，夜色很美。宋文骢举眼看去，家里还亮着灯——夫人还没睡吧？

信步人生 "80" 后

2004 年，宋文骢卸下了成都飞机设计研究所总设计师的重担，屈指算来，他在这个位置上辛勤耕耘了整整 24 个春秋。

退出飞机研制一线的宋文骢现在是成都飞机设计研究所首席专家，每天依然按时到办公室处理事务。

几十年呕心沥血和艰苦努力，宋文骢成功了。歼 10 飞机研制成功，是我国航空史上的一个重要里程碑。它标志着中国可以自主研制现代水平的先进战机，可以实现跨越式的发展，从而跻身世界航空先进行列。

歼 10 飞机是一座不朽的丰碑，镌刻着为它诞生的研制者们的功绩。歼 10 飞机又是一面旗帜，它召唤着新一代航空人以更高的热情和智慧，研制和发展一代又一代更优秀的战机，赶超世界航空科技先进水平。

他希望把歼 10 飞机打造成为一代名机，在现有装备基础上不断提升战斗能力；希望保持艰苦创业的优良作风，为中国航空工业赶超世界先进水平贡献才智。

老骥伏枥，志在千里。八十年风雨人生，六十载春华秋实，宋文骢丹心铸剑，从容淡定，默默耕耘，始终保持着稳健风姿和创新前行的步伐。他如同搏击长空的鹰，时而隐没于云层，时而轻点于山水，时而遨游于天际，即使遇上风雨雷电，依然能优雅地画出动人的轨迹。

"80" 后的宋文骢，并没有停止前进的步伐，他将目光又聚焦在新一代飞行器的研究上，指导着年轻一代飞机设计师向着更高的山峰攀去！

感动中国

2009 年 10 月 1 日，全世界的目光都投向了天安门广场。

这一天，天安门广场是歌的海洋、花的海洋，中华人民共和国建国 60 周年阅兵式即将在这里举行。

上午 10 时，随着庄严雄浑的国歌响起，五星红旗在广场上冉冉升起。随着阅兵指挥员一声令下，威武雄壮的中国人民解放军陆海空三军方队正步走过检阅台。年届 80 岁的宋文骢，受到解放军总政治部和国家民政部的特别邀请，此刻正坐在观礼台上，参加这举世瞩目的国庆盛典。当受阅方队从眼前走过时，他禁不住抬头望望天空，盼着空军飞机编队的到来。

10 年前，他和同伴们为中国空军打造的第二代飞机潇洒地飞过了天安门；10 年后，他又亲手把中国空军的第三代飞机送上了蓝天，再次接受党和人民的检阅——他捋了捋头上如霜的白发，抚今追昔感慨万千。

宋文骢正在遐想之时，突然，天边传来熟悉的飞机轰鸣声！来了、来了，我们的空军飞机编队飞过来了！整个观礼台和广场上的人们都不由自主抬起头来，兴奋地向机声响起的方向望去。11 时 11 分，在 1 架大型空中预警机的率领下，15 种机型 151 架国产军机组成的 12 个空中梯队在须臾之间进入全世界所有人的视野。现在飞过来的那个梯队，就是歼 10 飞机！宋文骢不用看，就是用耳朵听，也知道将要飞过天安门上空接受检阅的飞机就是他耗尽毕生精力和心血与同伴们共同为共和国打造的歼 10 飞机！

机群渐渐远去，轰鸣声渐渐消失。宋文骢目送着远去的机群，眼睛禁不住有点潮湿。中国制造化成中国力量，在那遥远的蓝天白云深处，一驾驾战斗机在坚定地护卫着中华人民共和国的领空！

2009 年，宋文骢当选为感动中国人物。

感动中国组委会给予宋文骢的颁奖词：

少年伤痛，心怀救国壮志；中年发奋，澎湃强国雄心。如今，他的血液已流进钢铁雄鹰。青骥奋蹄向云端，老马信步小众山。他怀着千里梦想，他仍在路上。

龙腾东方，威震寰宇！